VIGILI DEL FUOCO
Libro Da Colorare Per Le Donne

Coloring Bandit

Pubblicato da Speedy Publishing Canada Limited

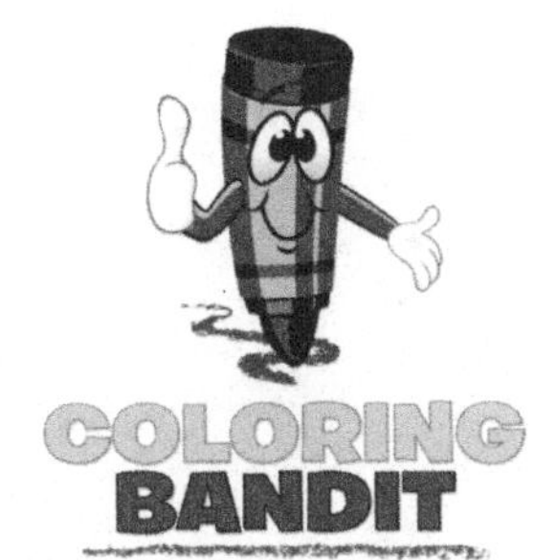

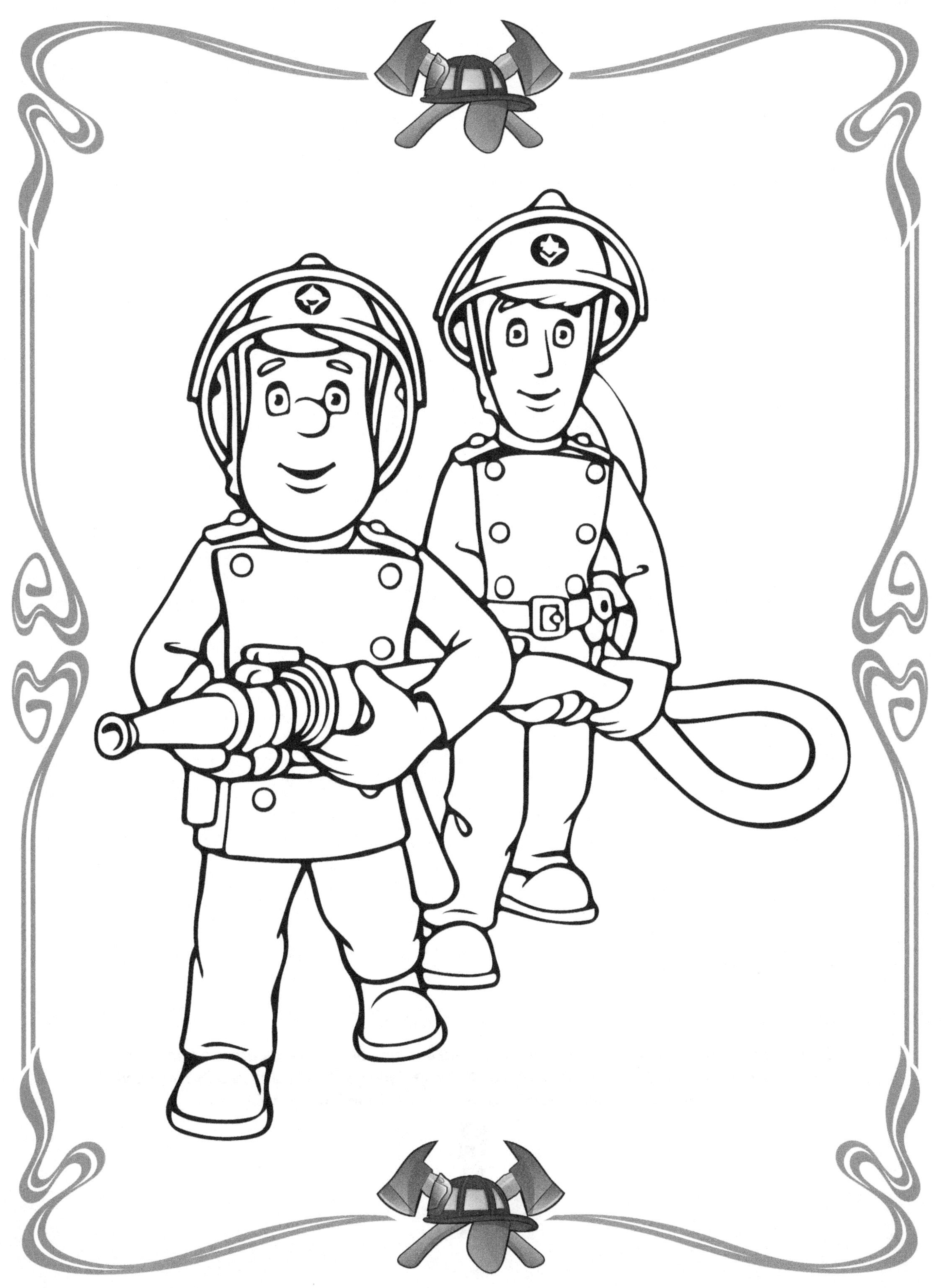

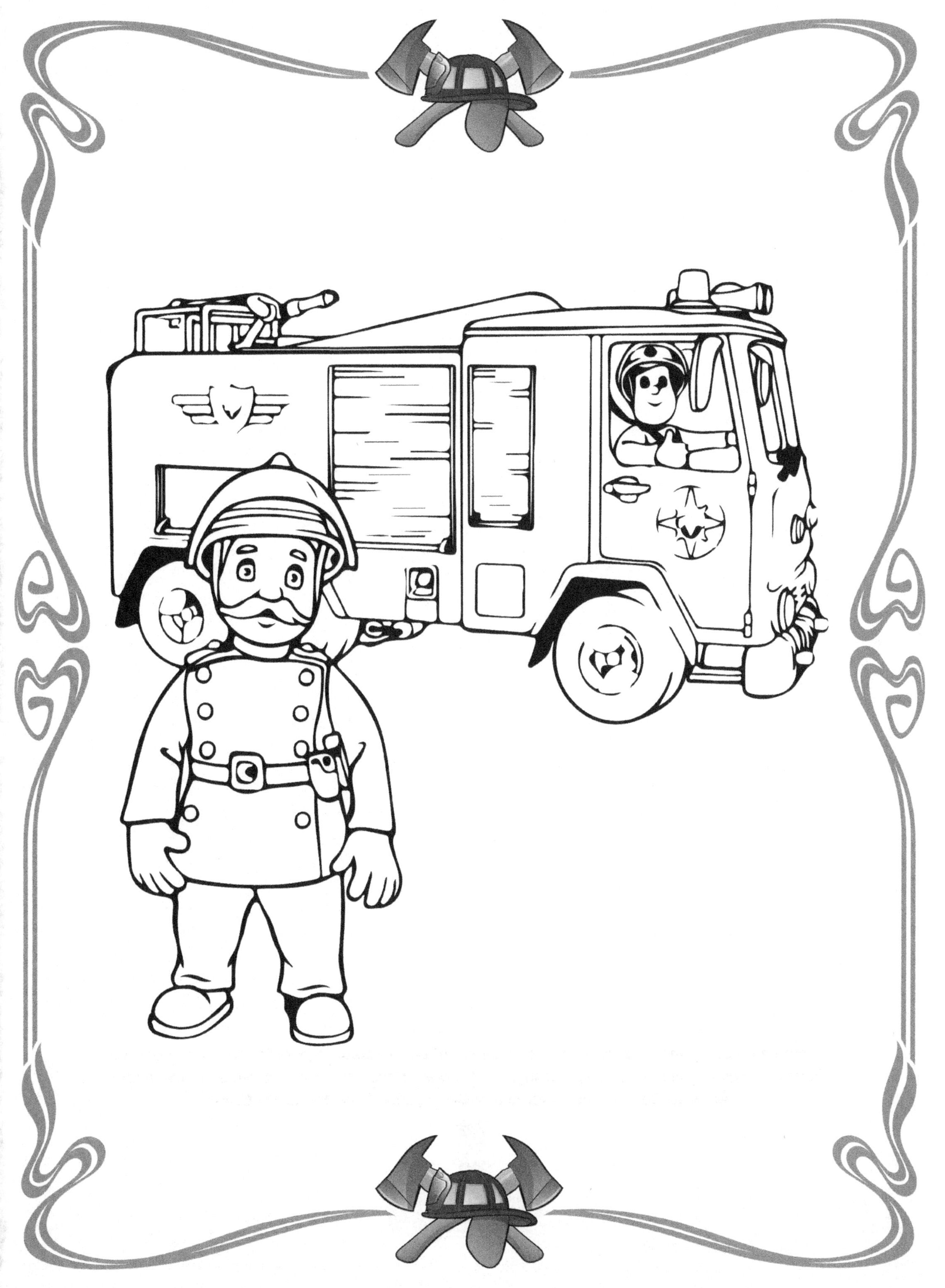

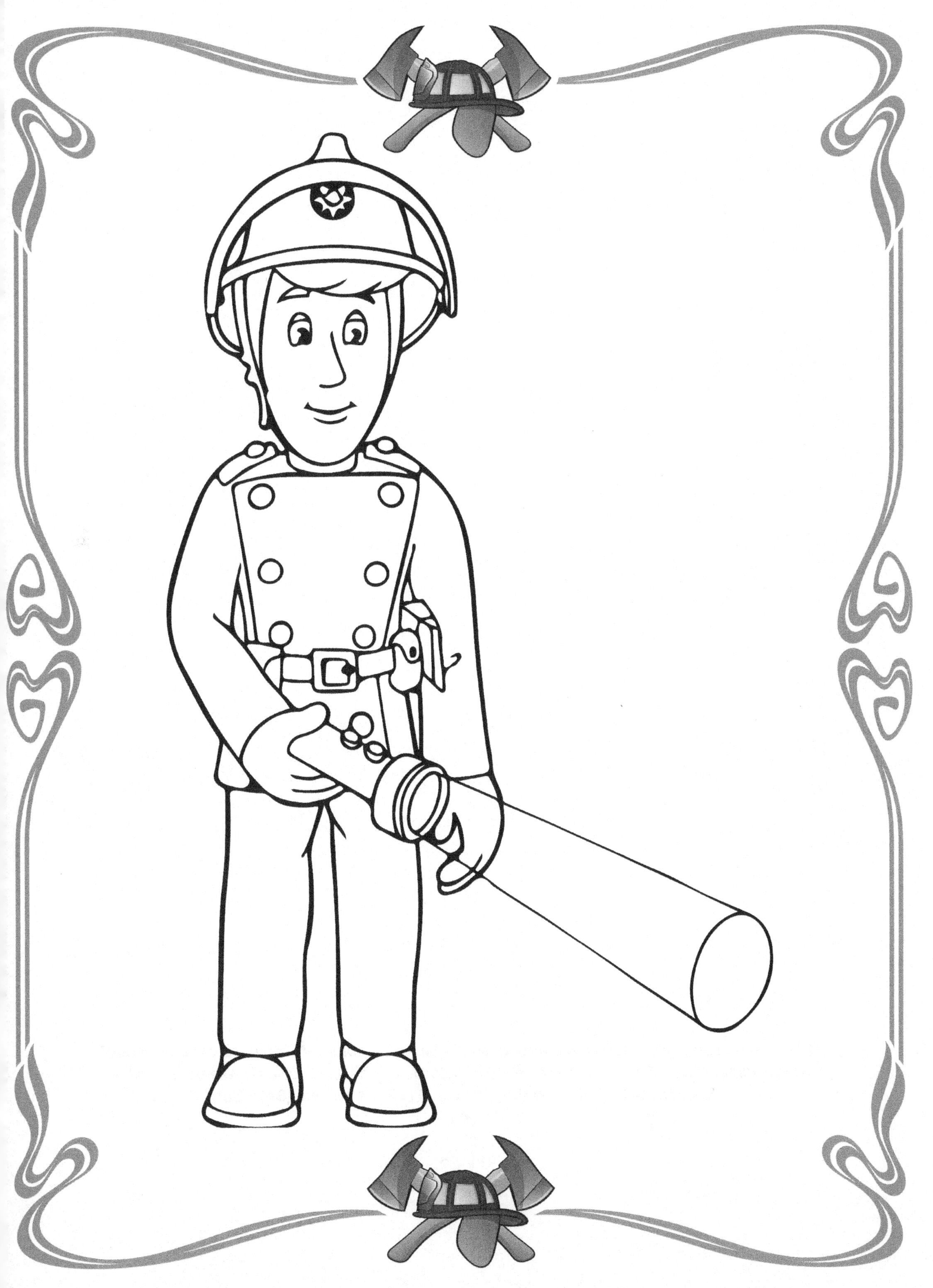

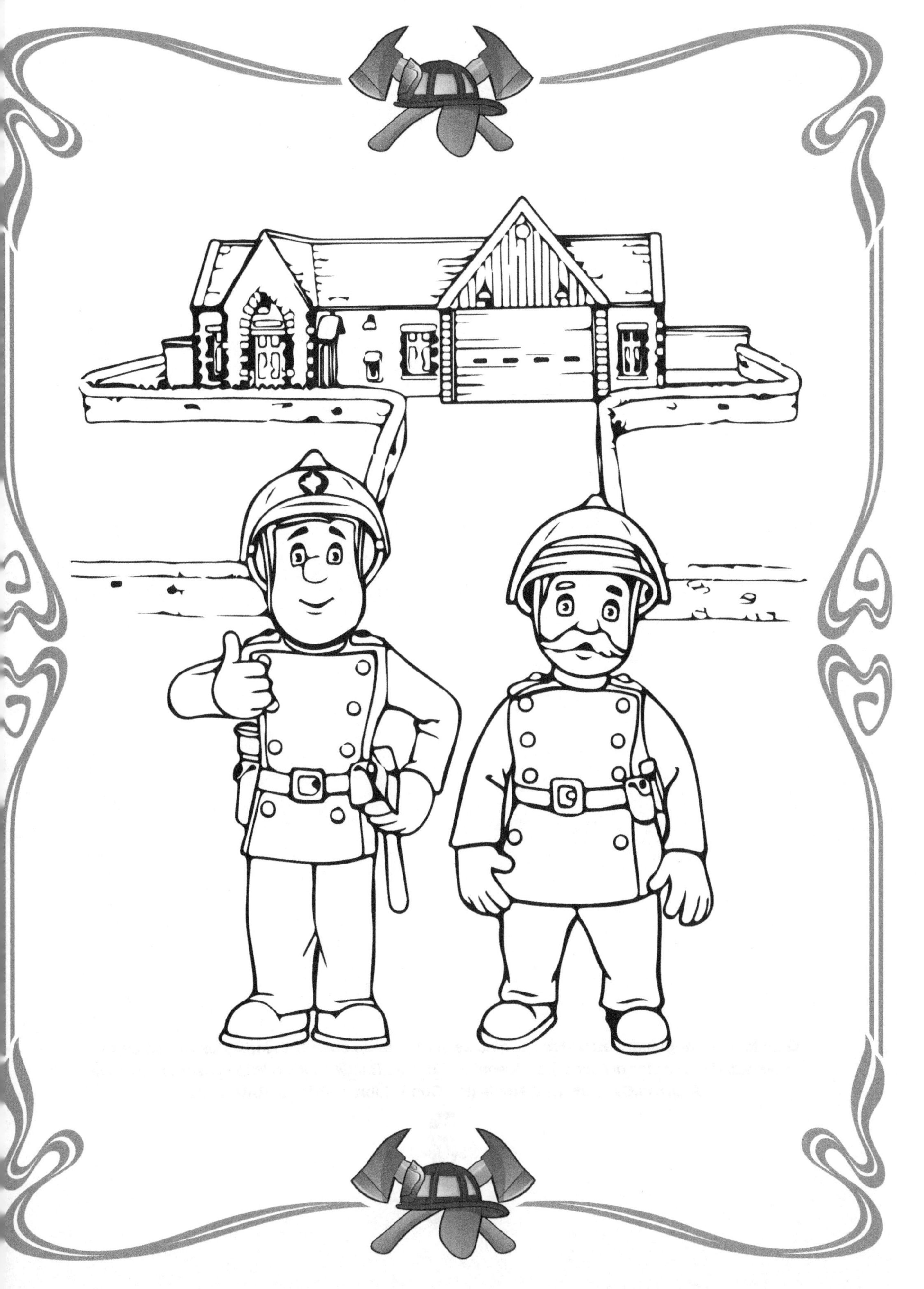

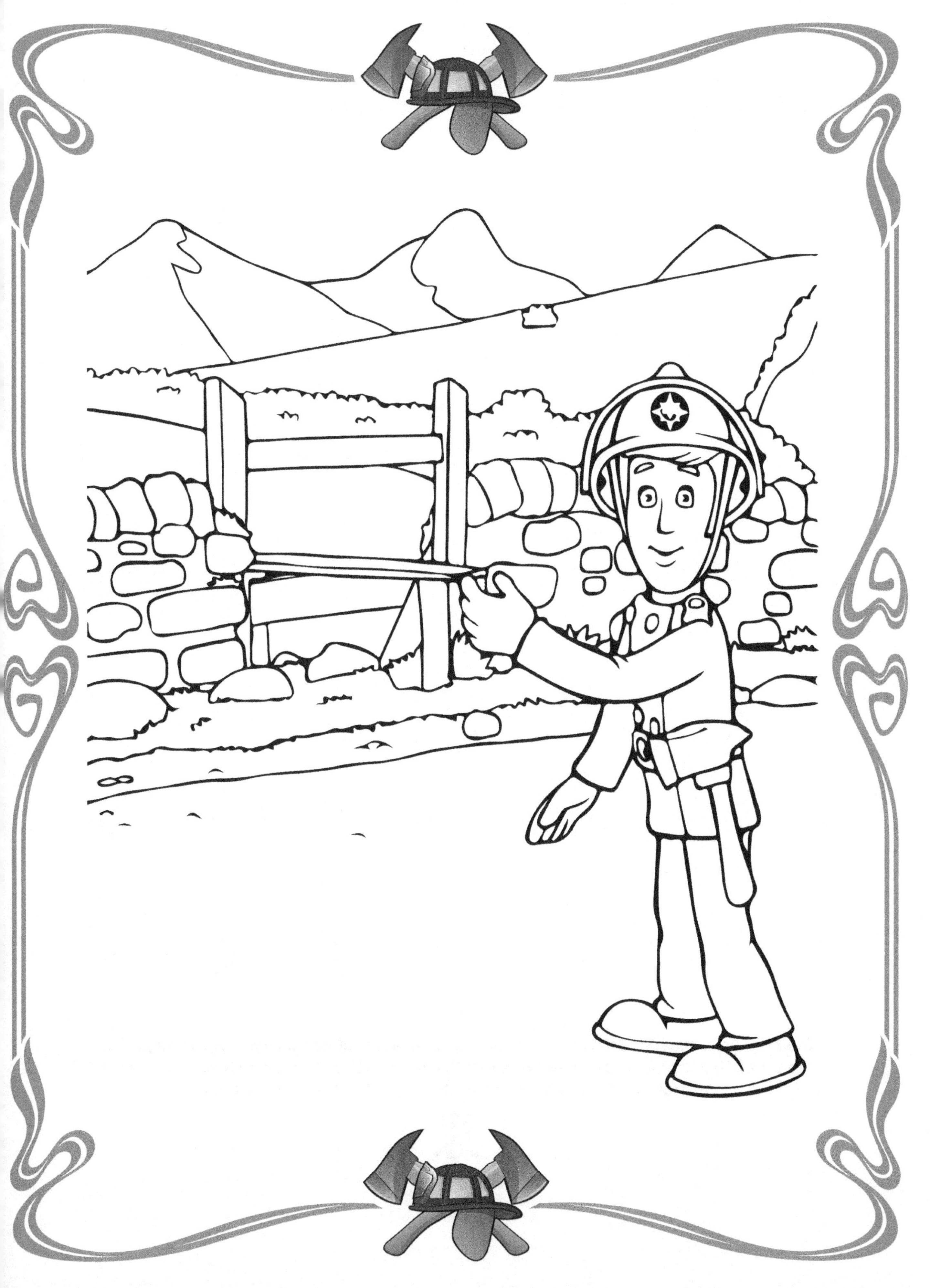

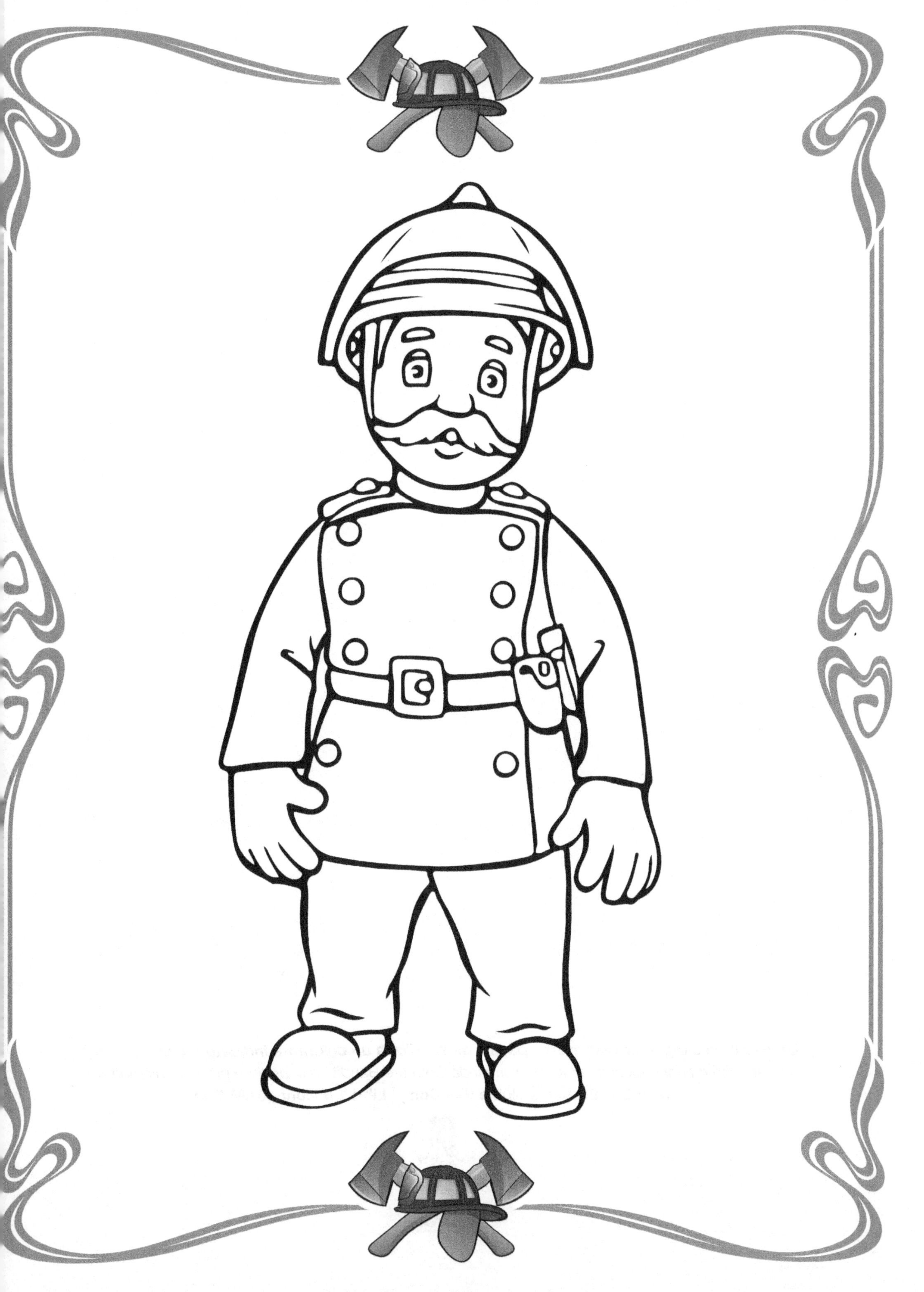

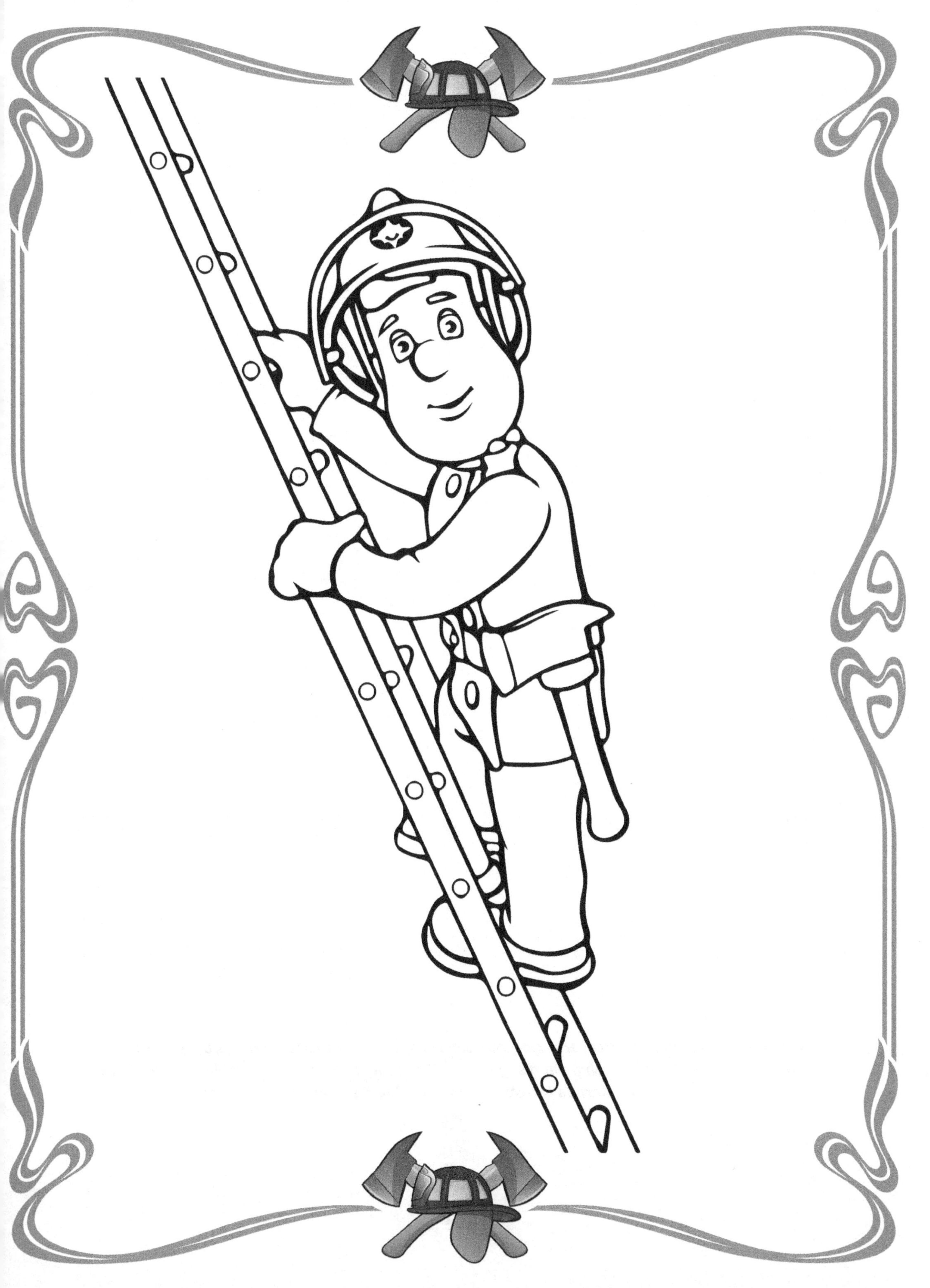

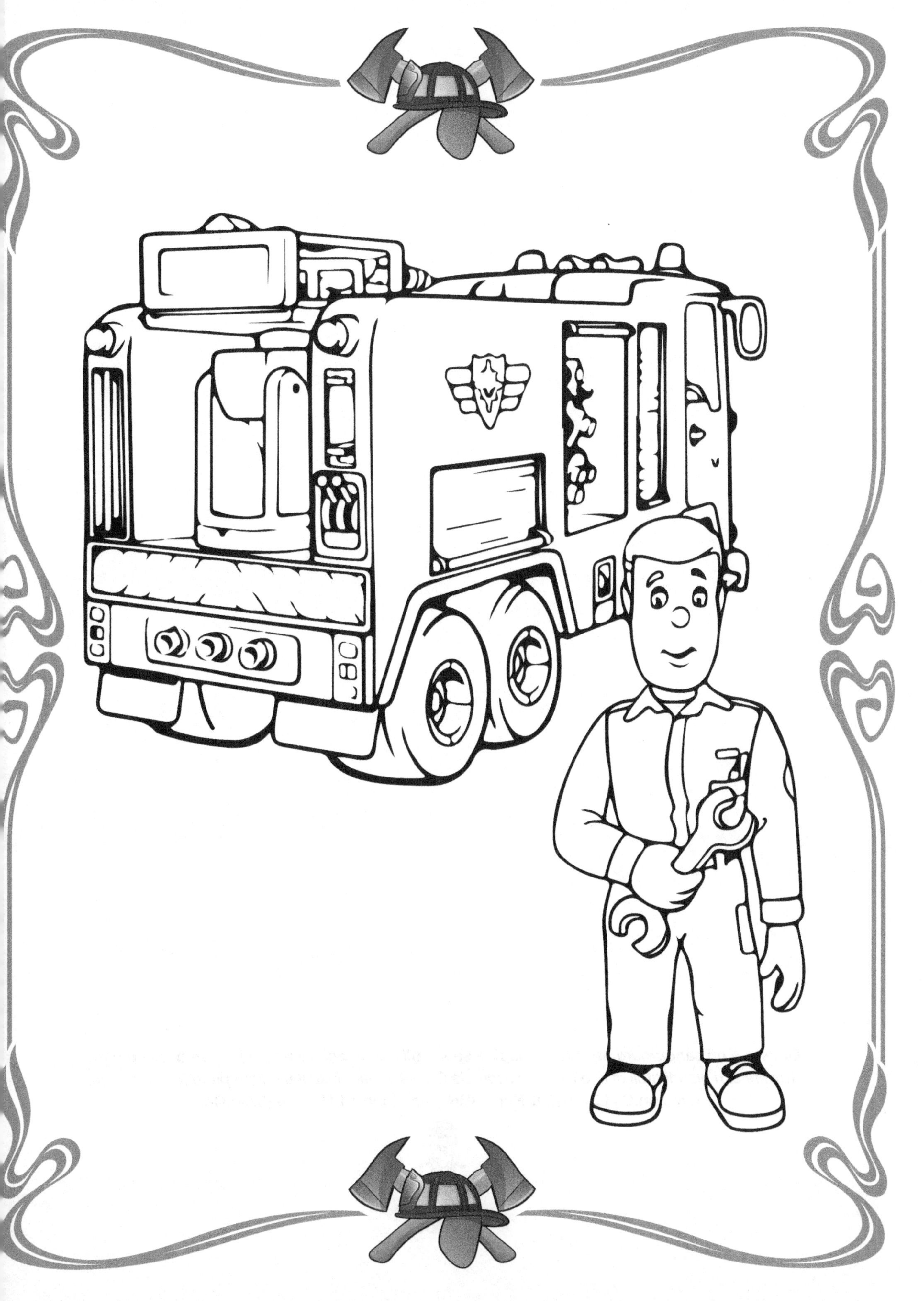

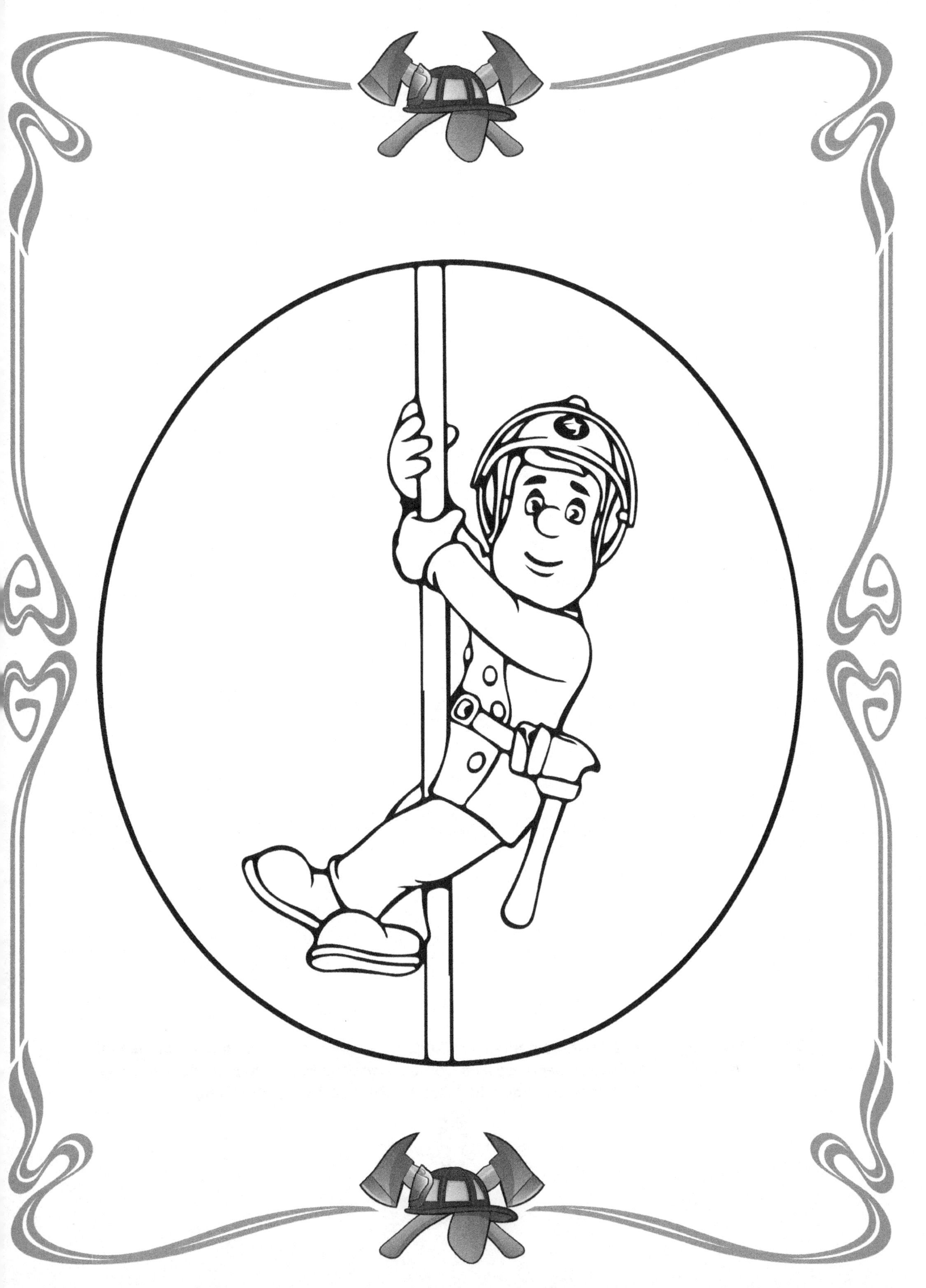

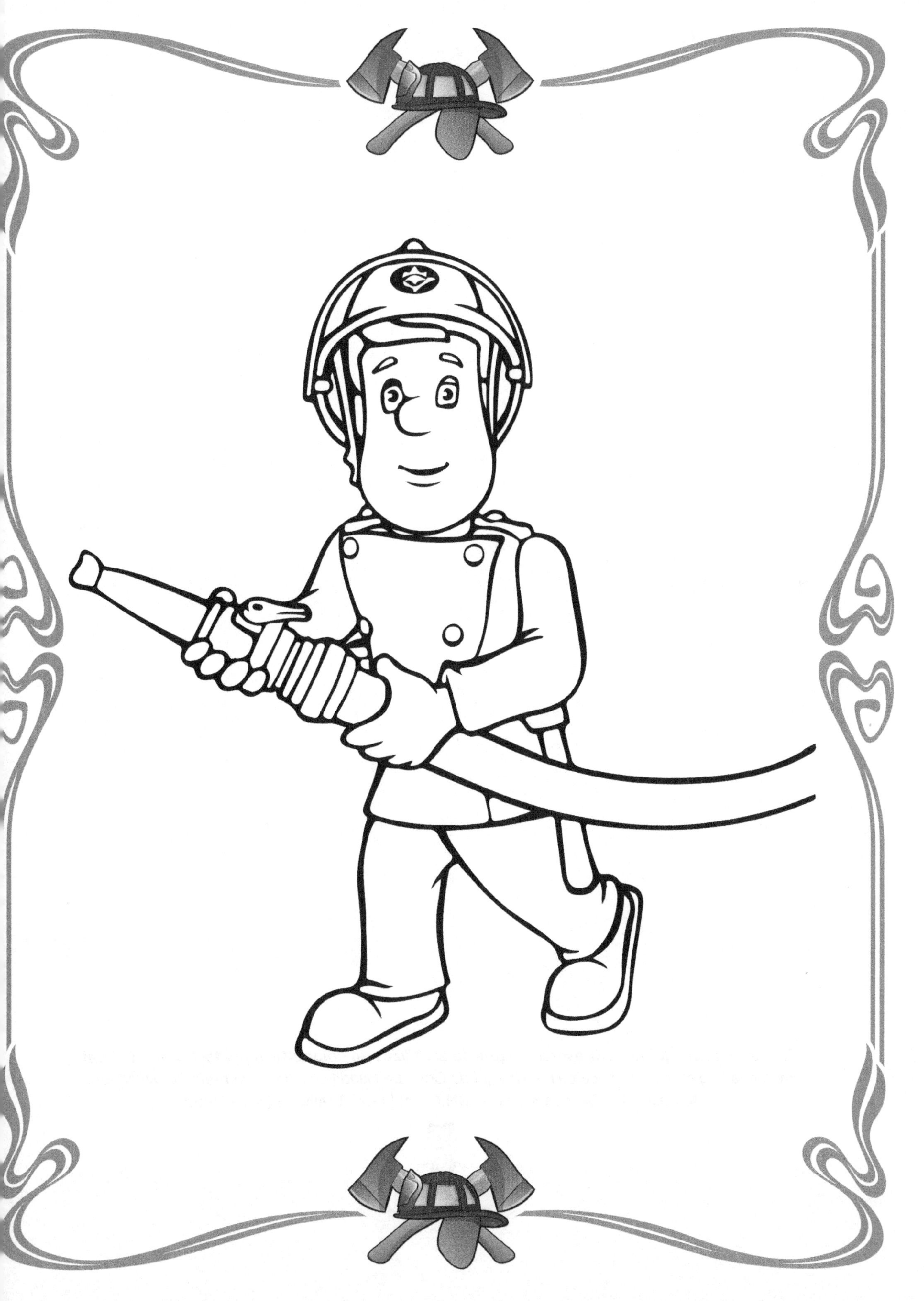

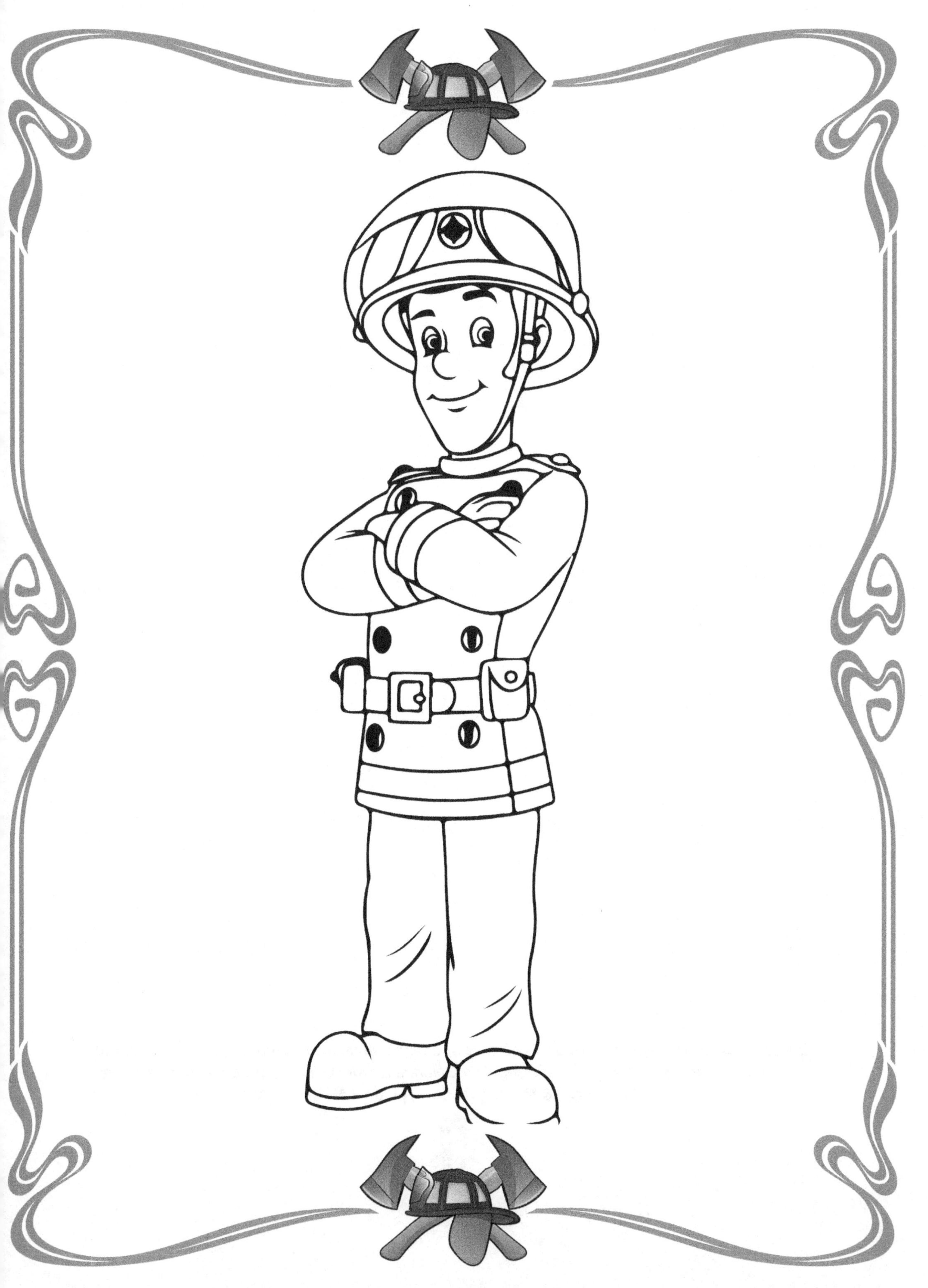

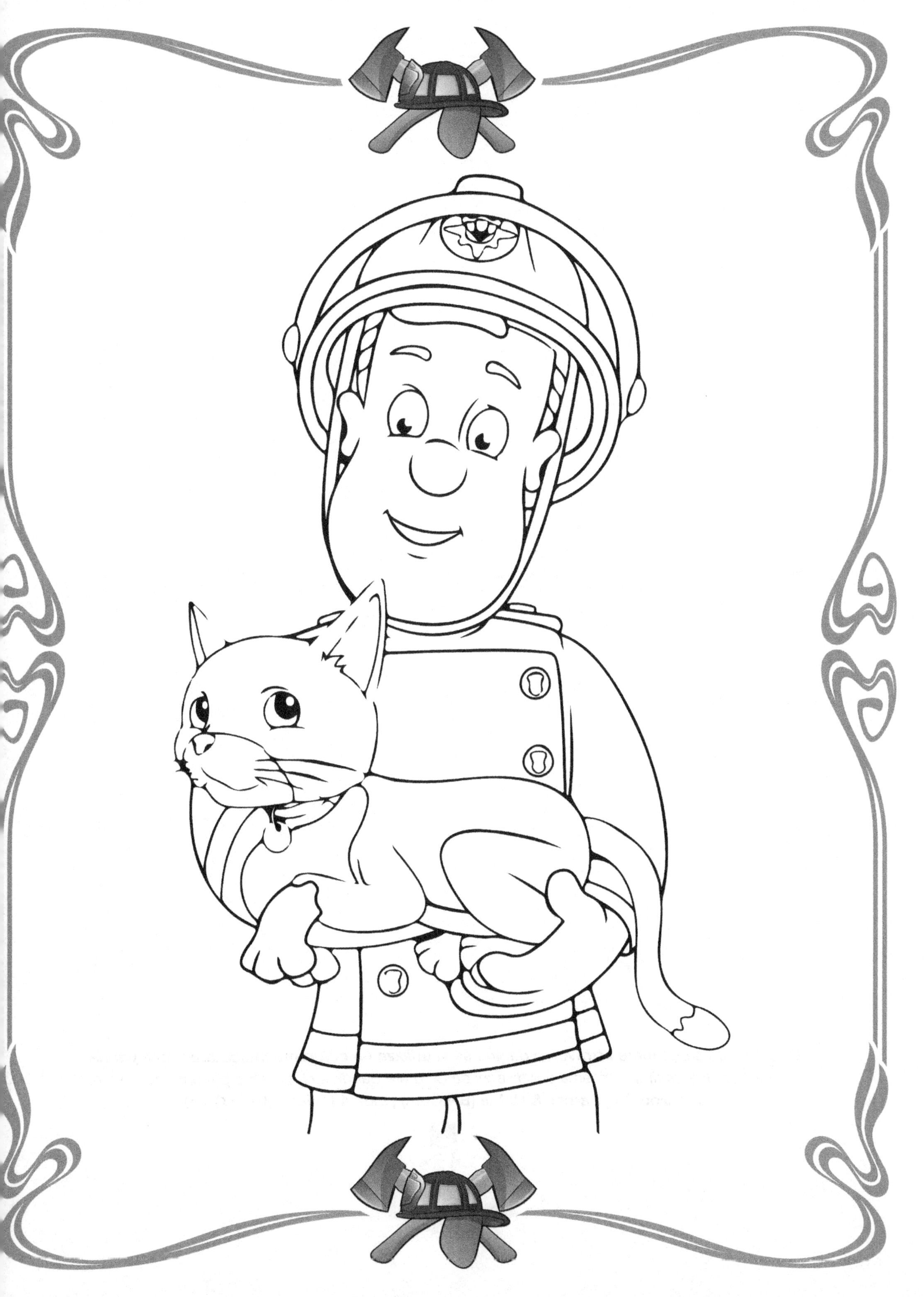

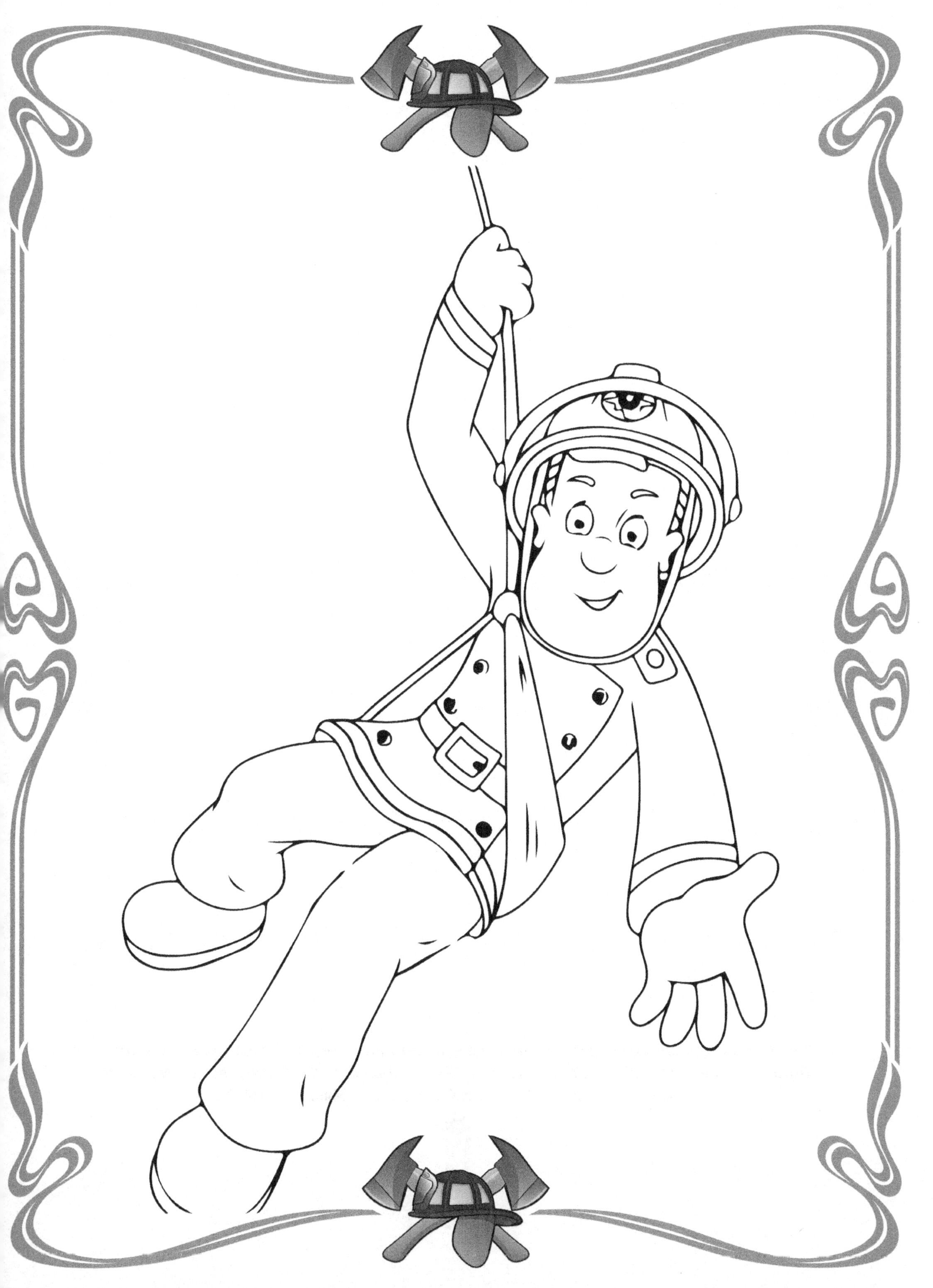

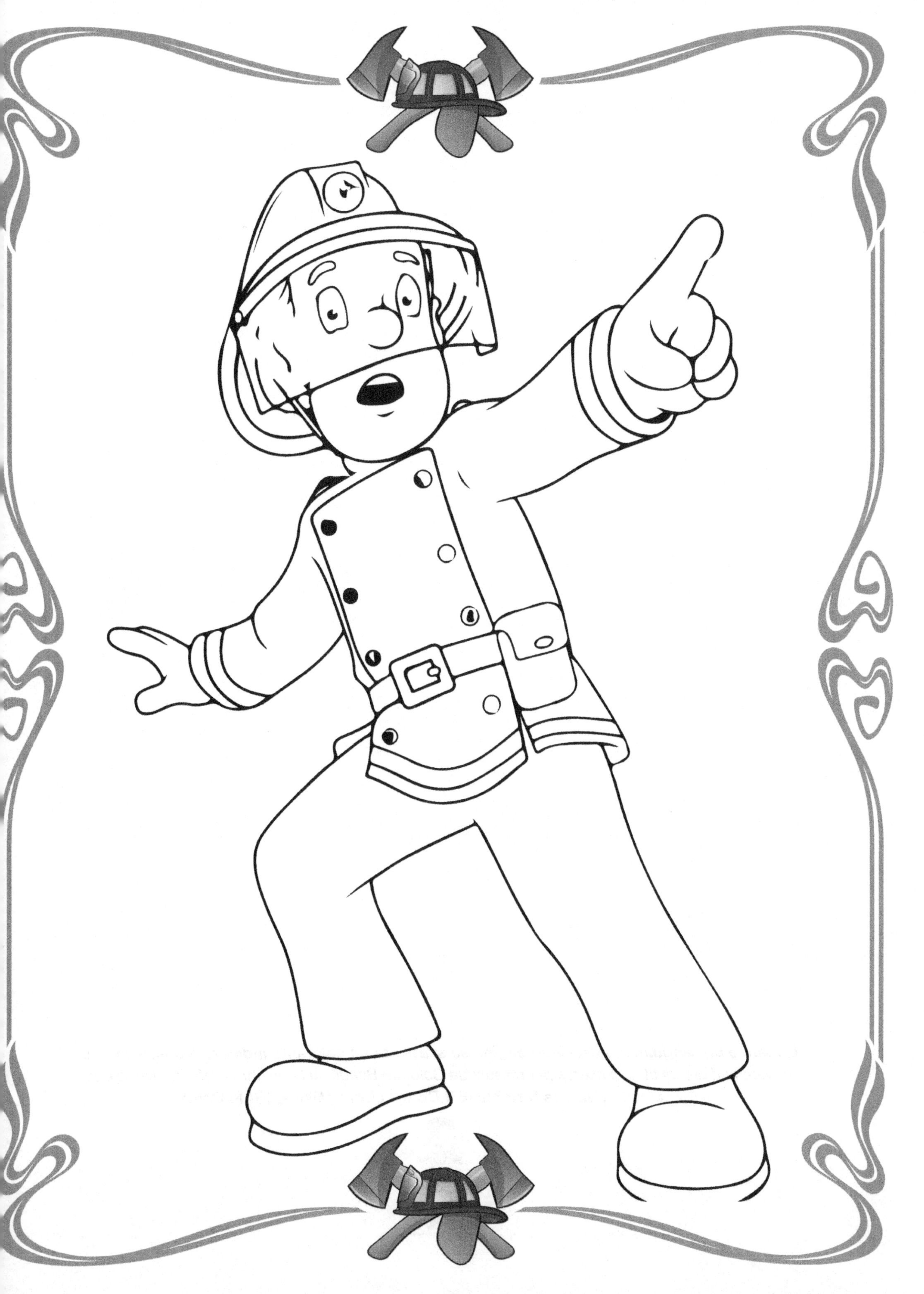

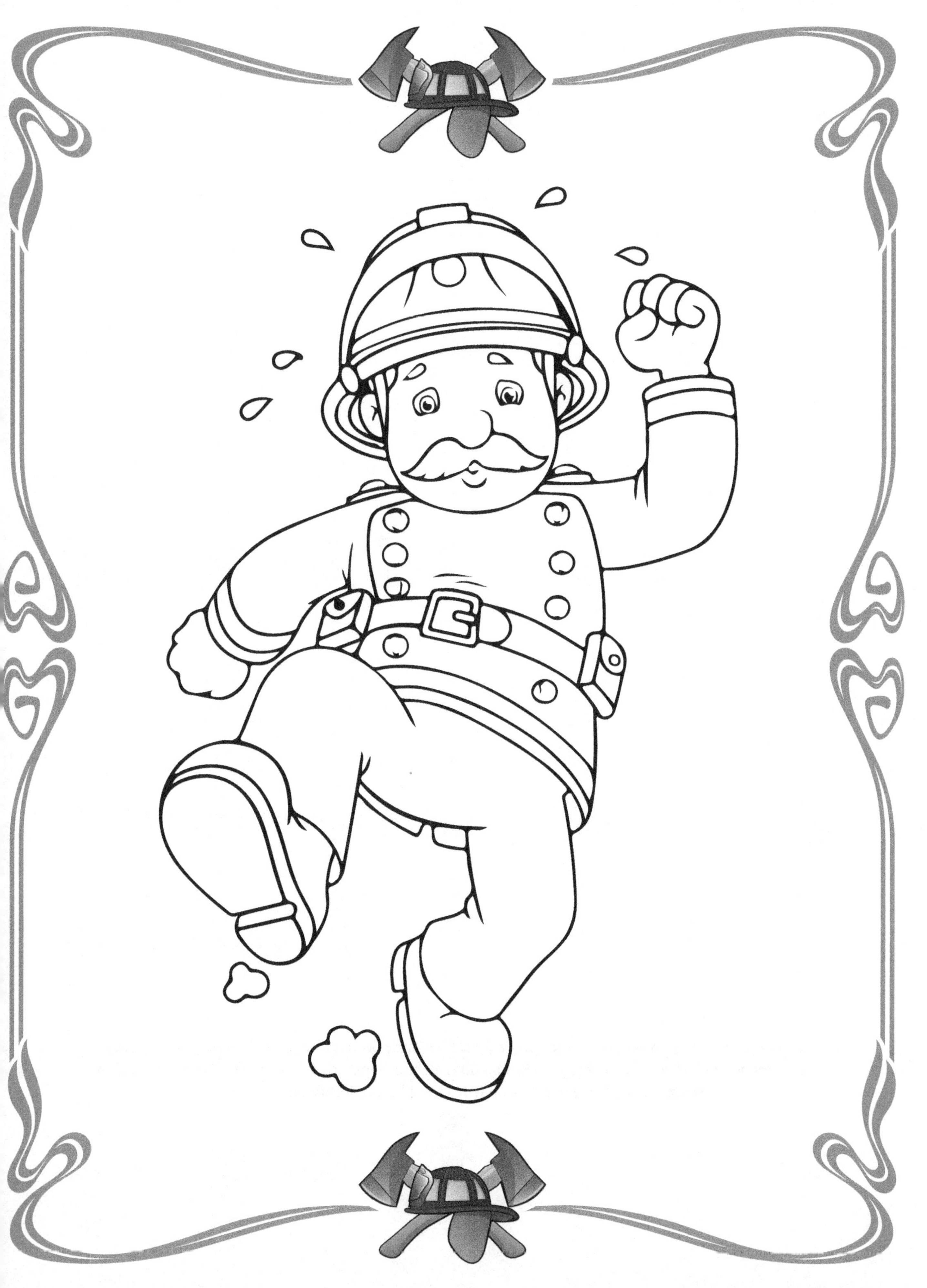

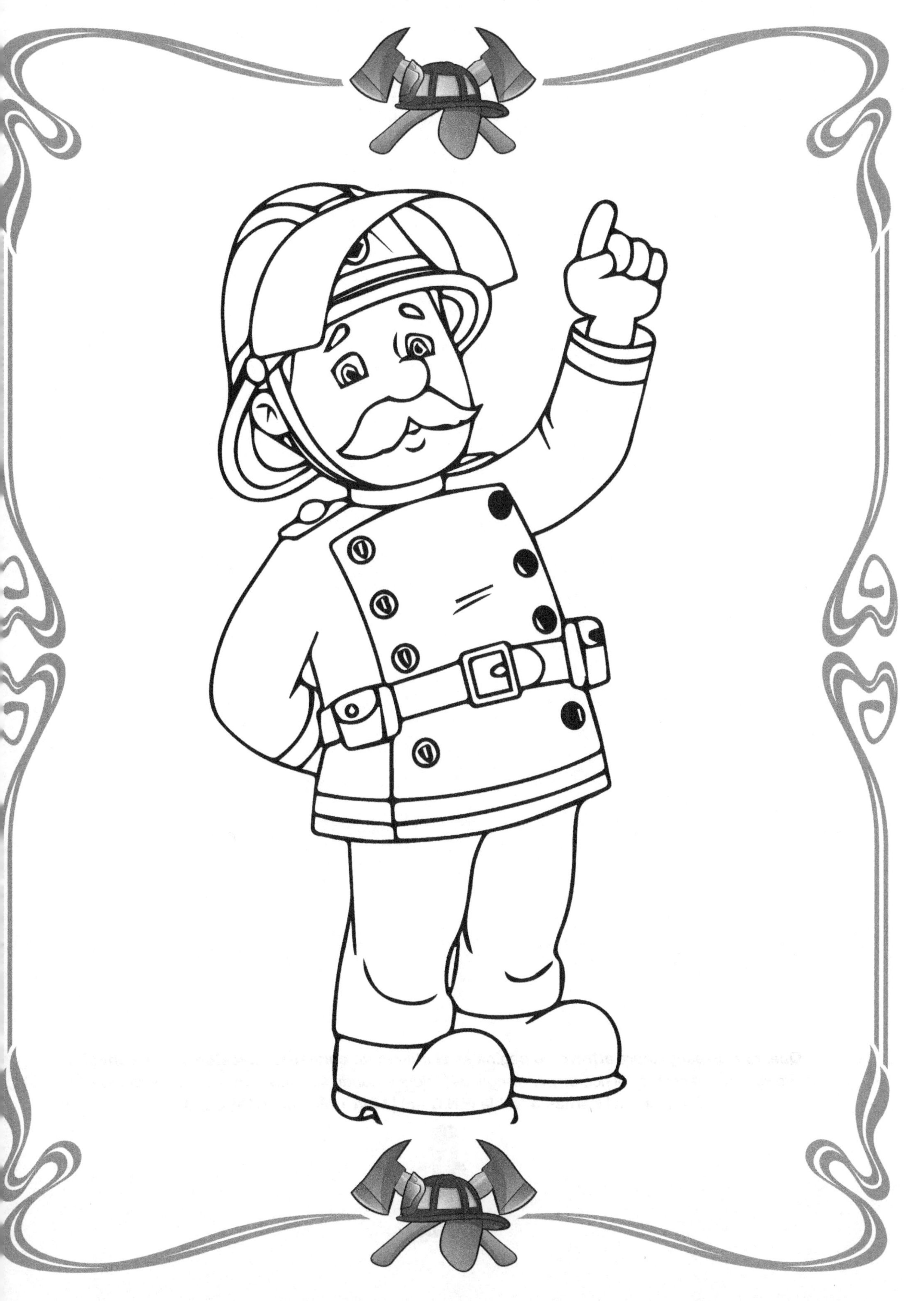

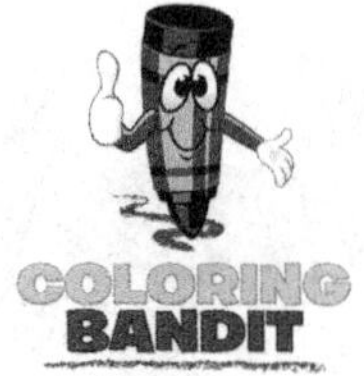

Questo è un sanguinare attraverso pagina se si utilizza un colorante indicatore o una penna!
Trovare altri grandi titoli di ricerca per disegni da <u>Colorare Bandit</u> *su Il tuo libro preferito rivenditore*
Amazon.Ca | Barnes & Noble (BN.Com) | Libri 1 Milione (BAM.Com)

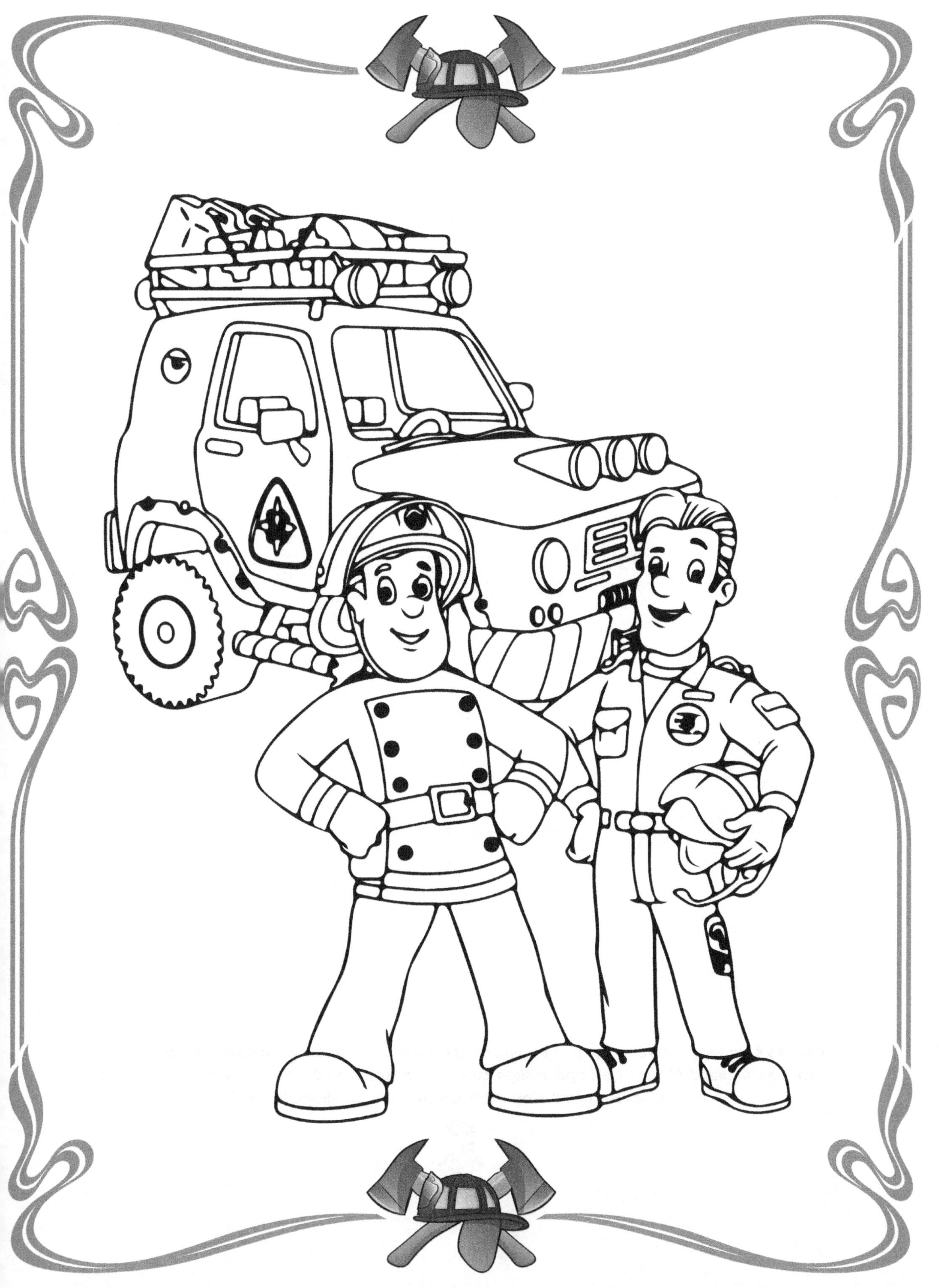

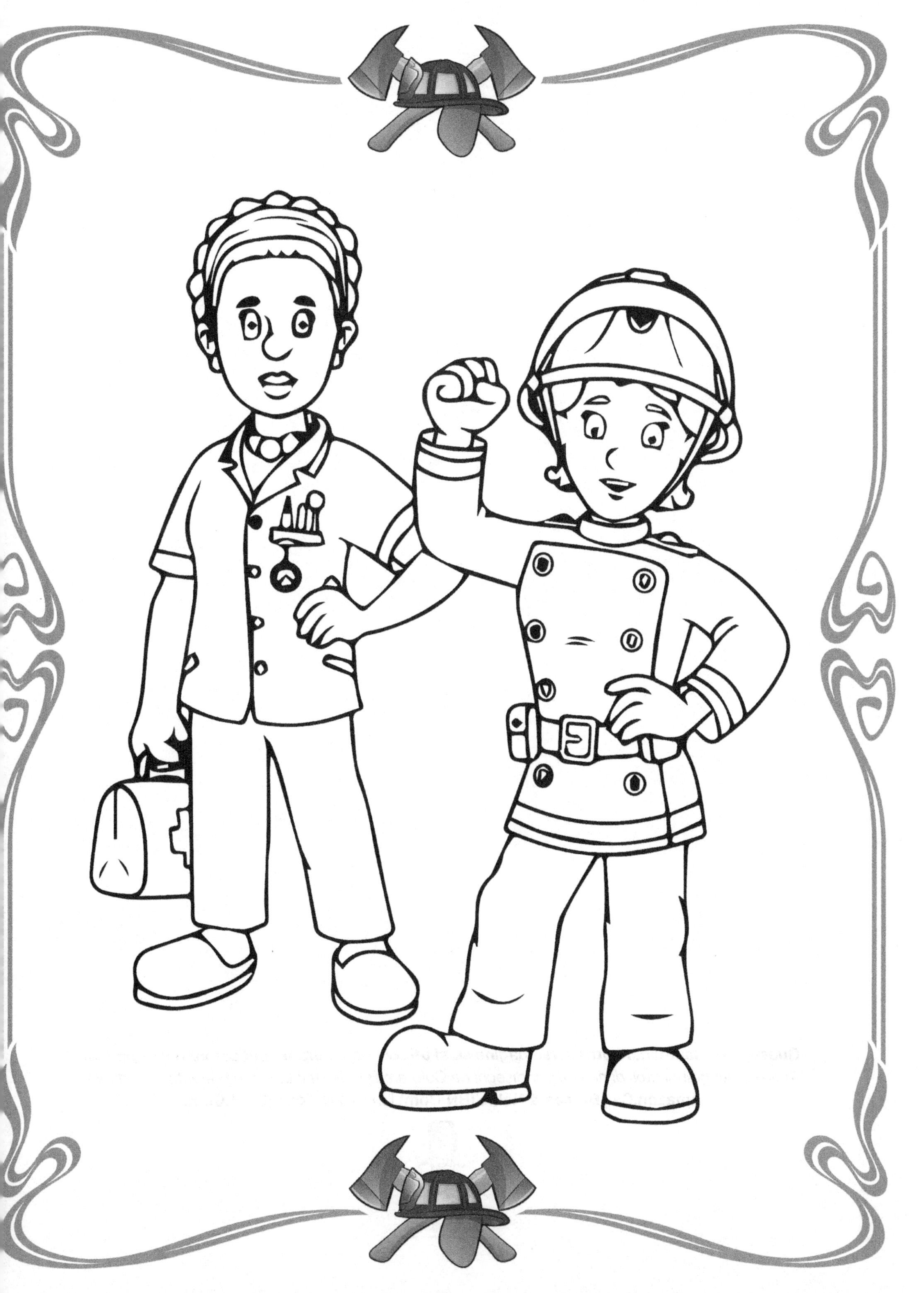

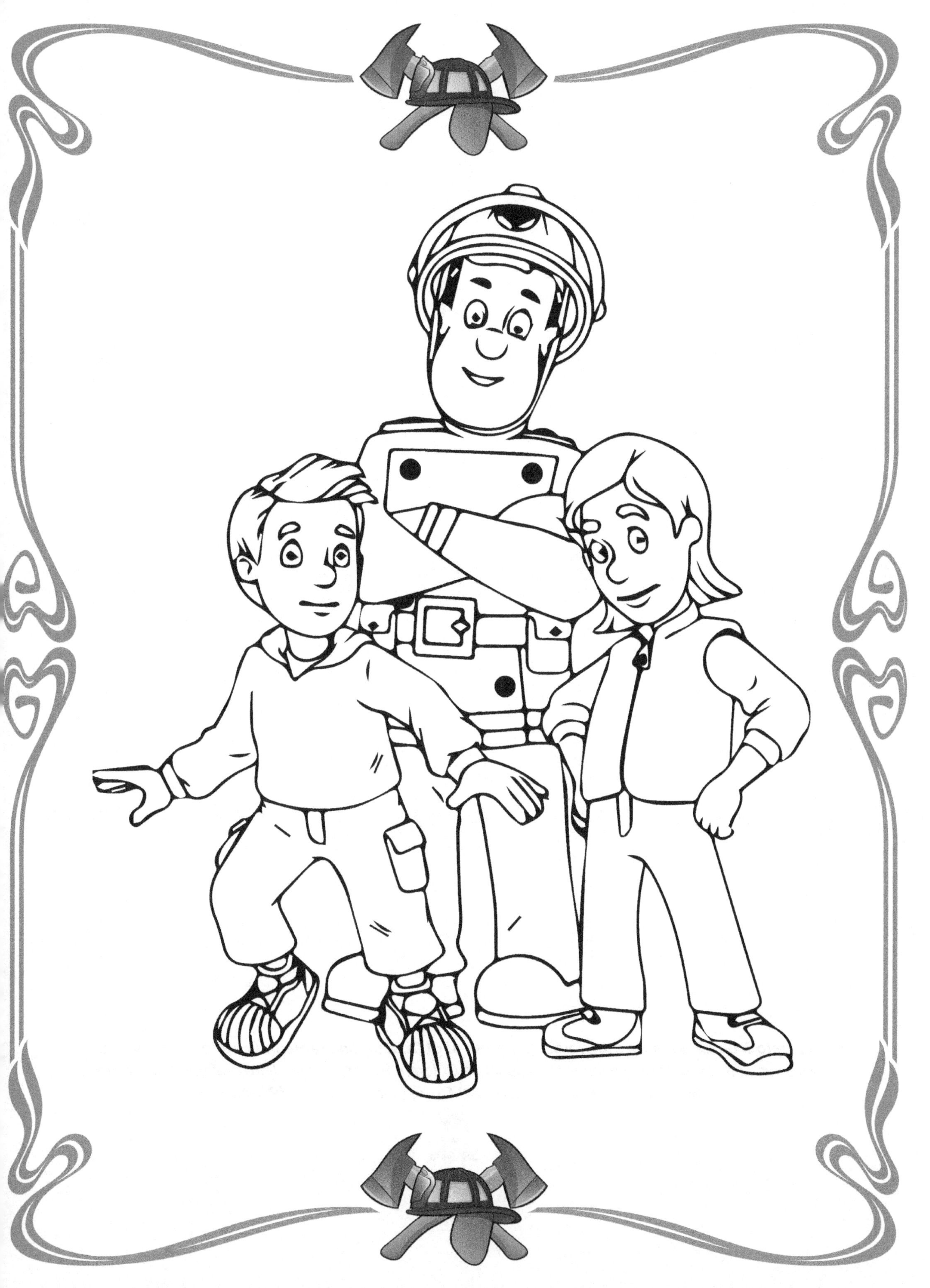

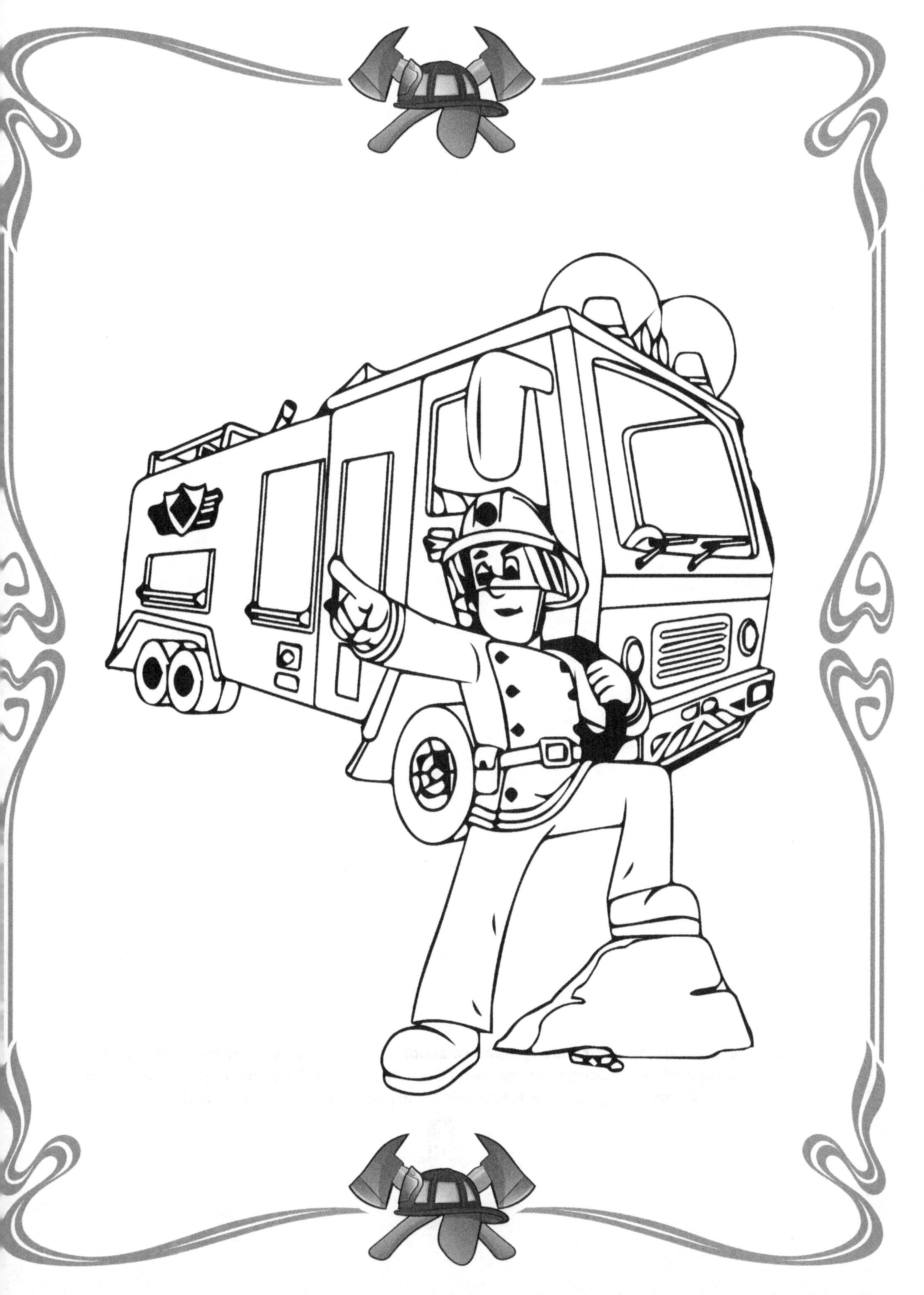

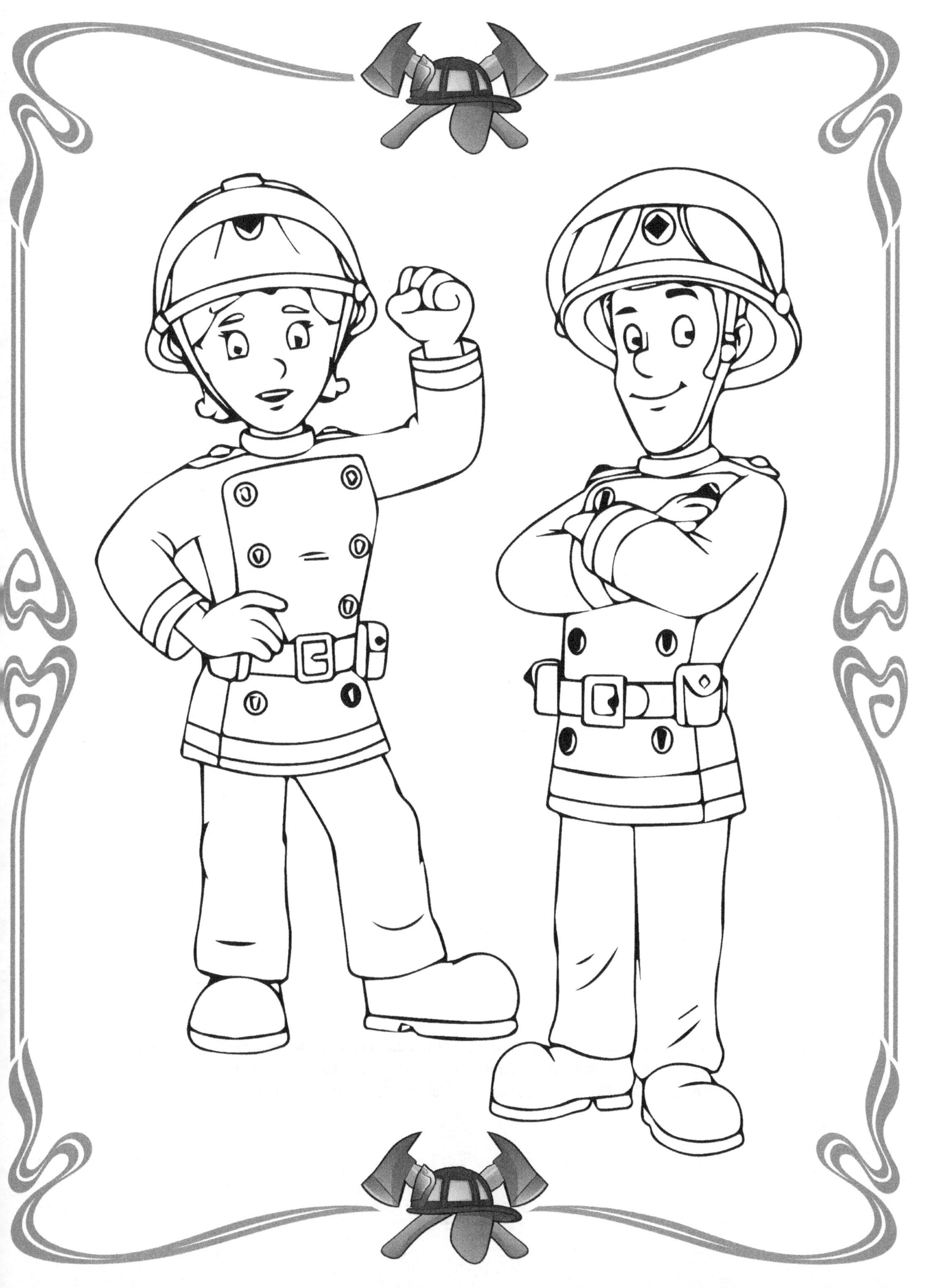

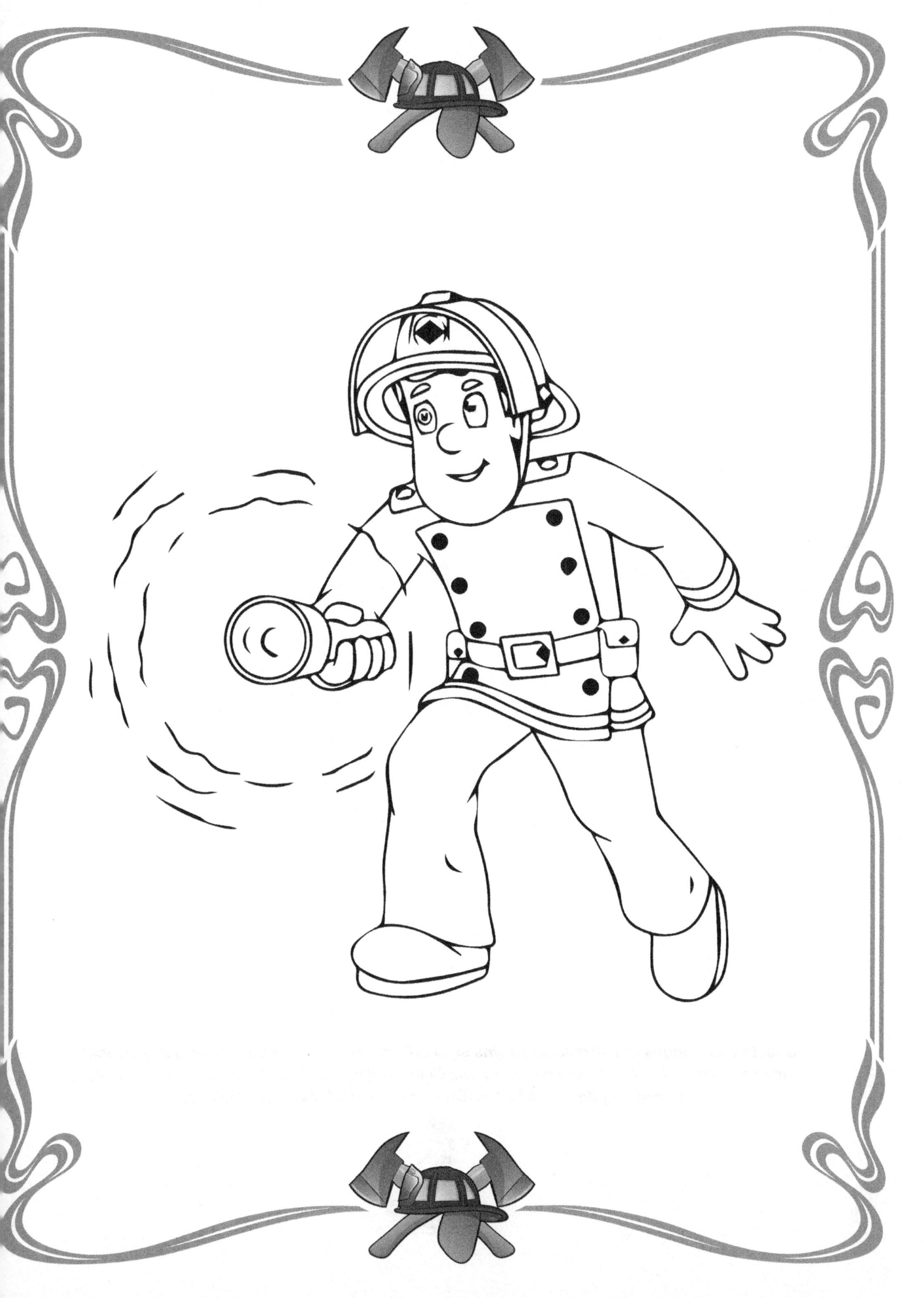

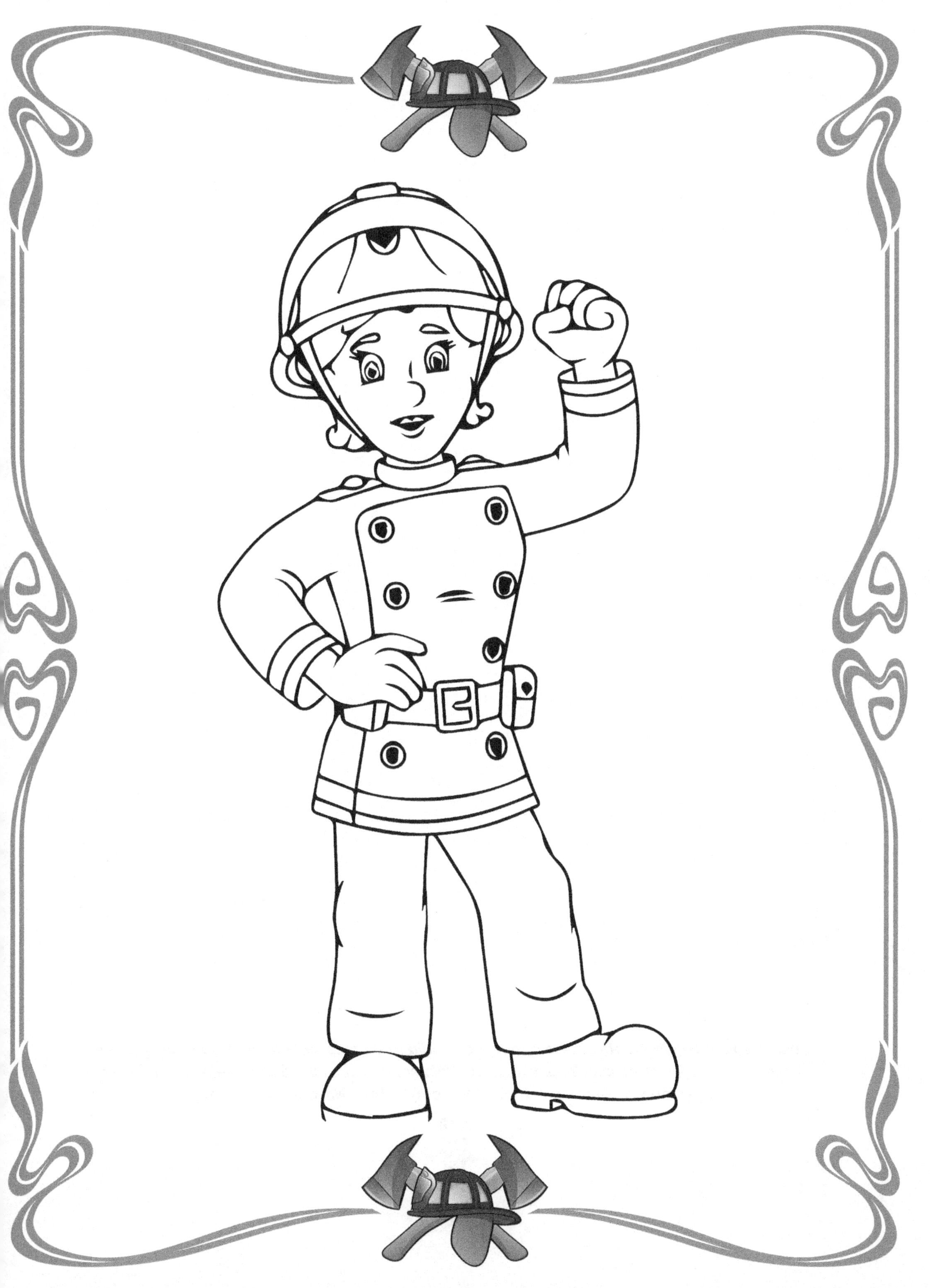

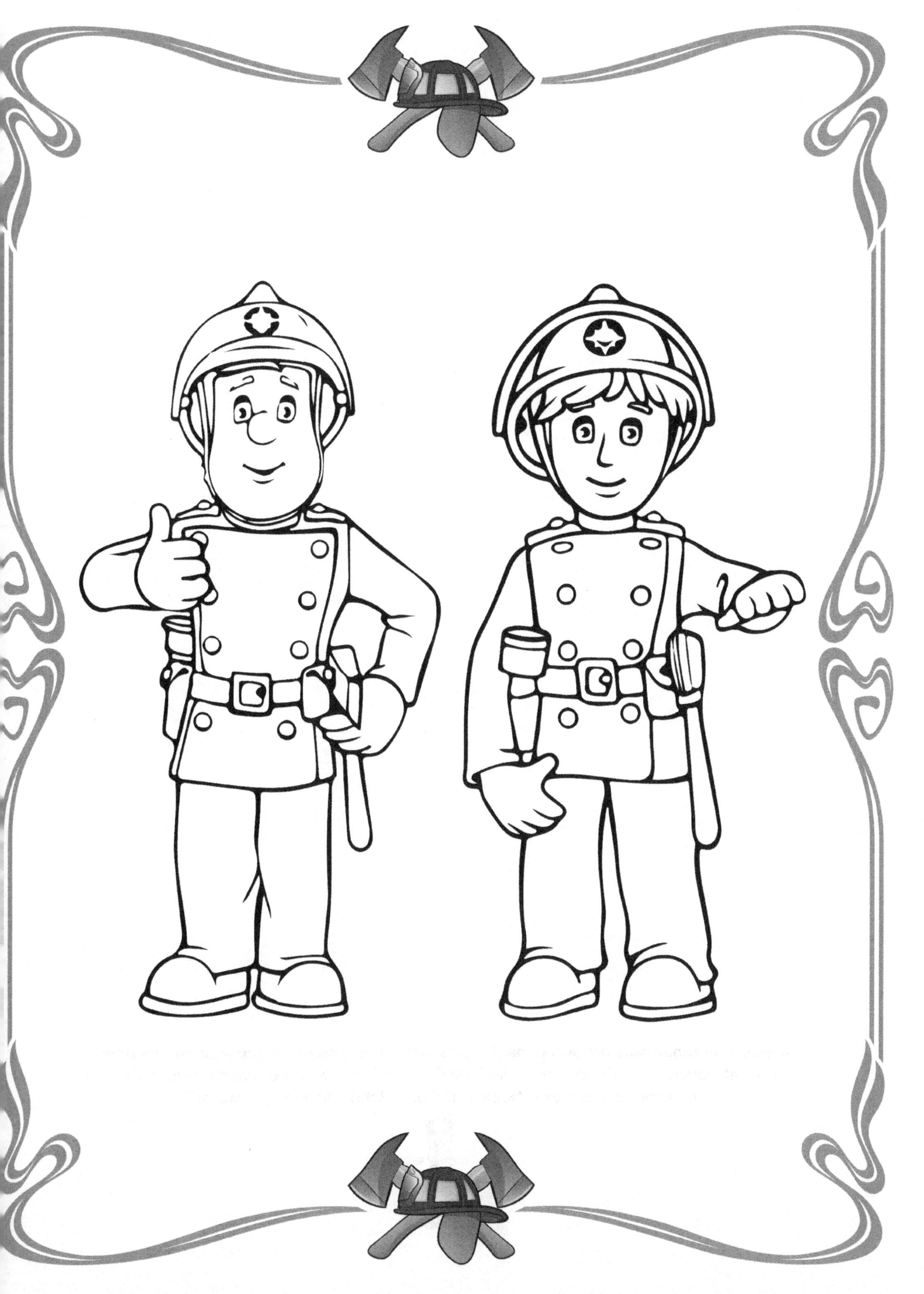

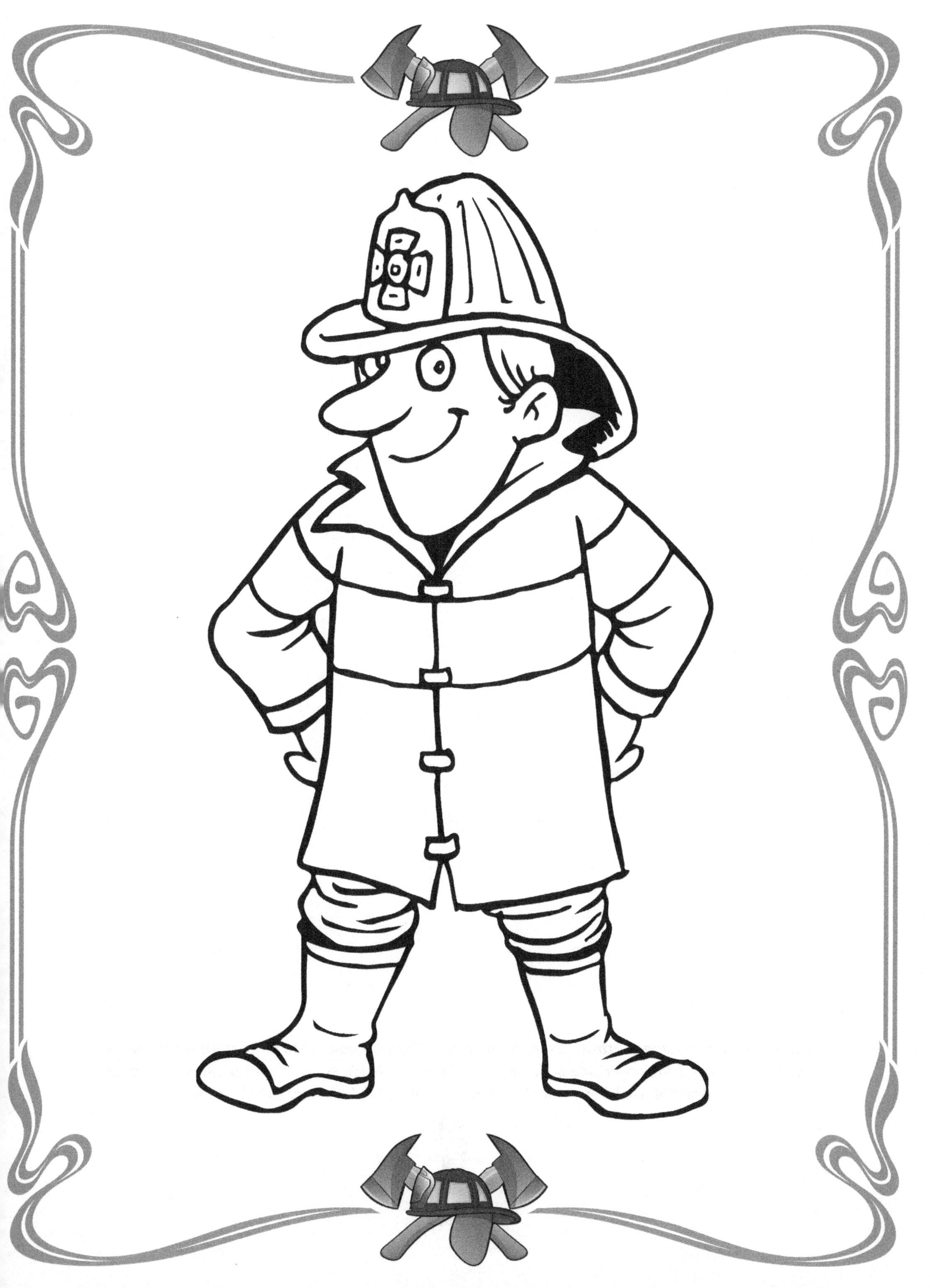

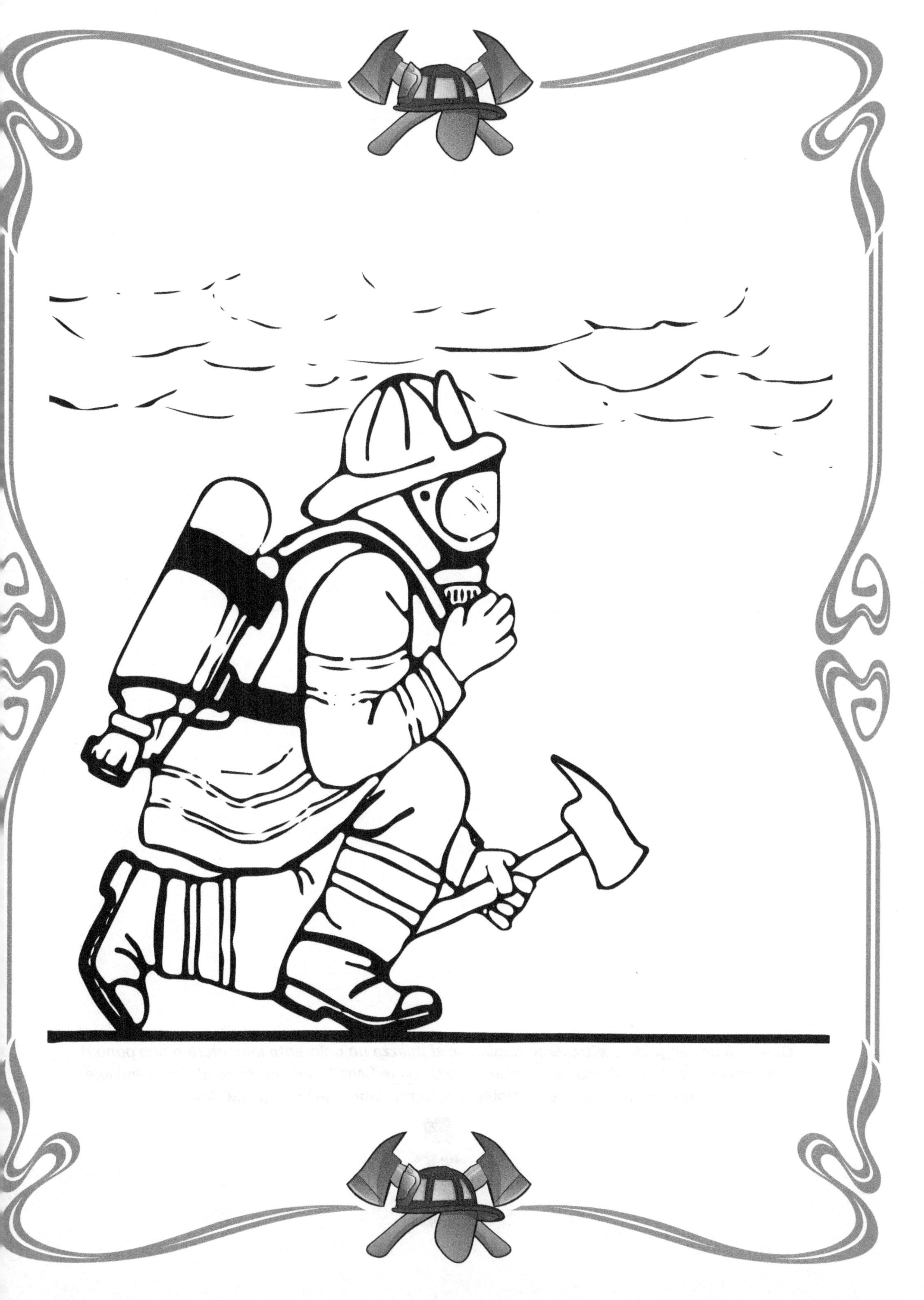

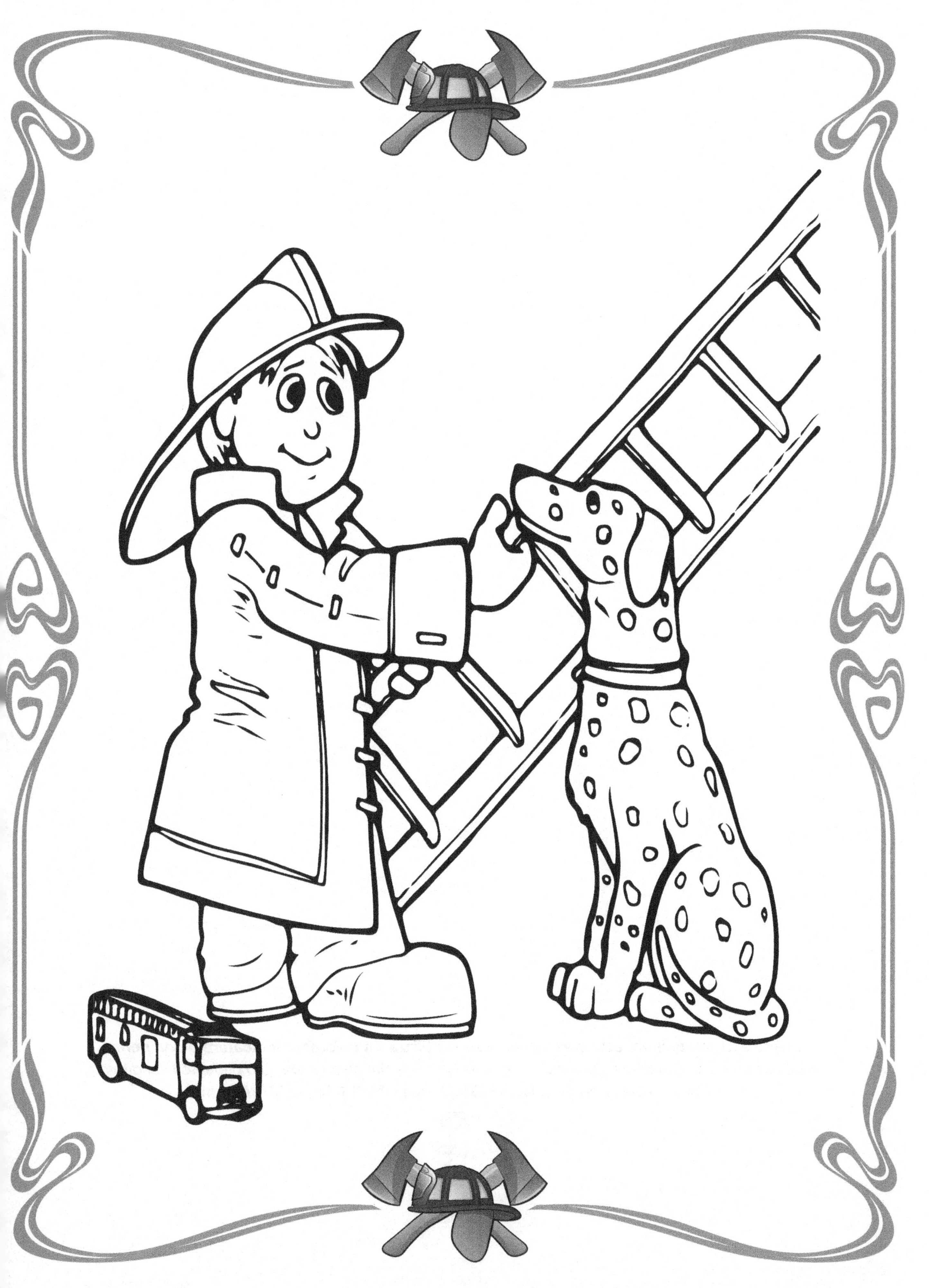

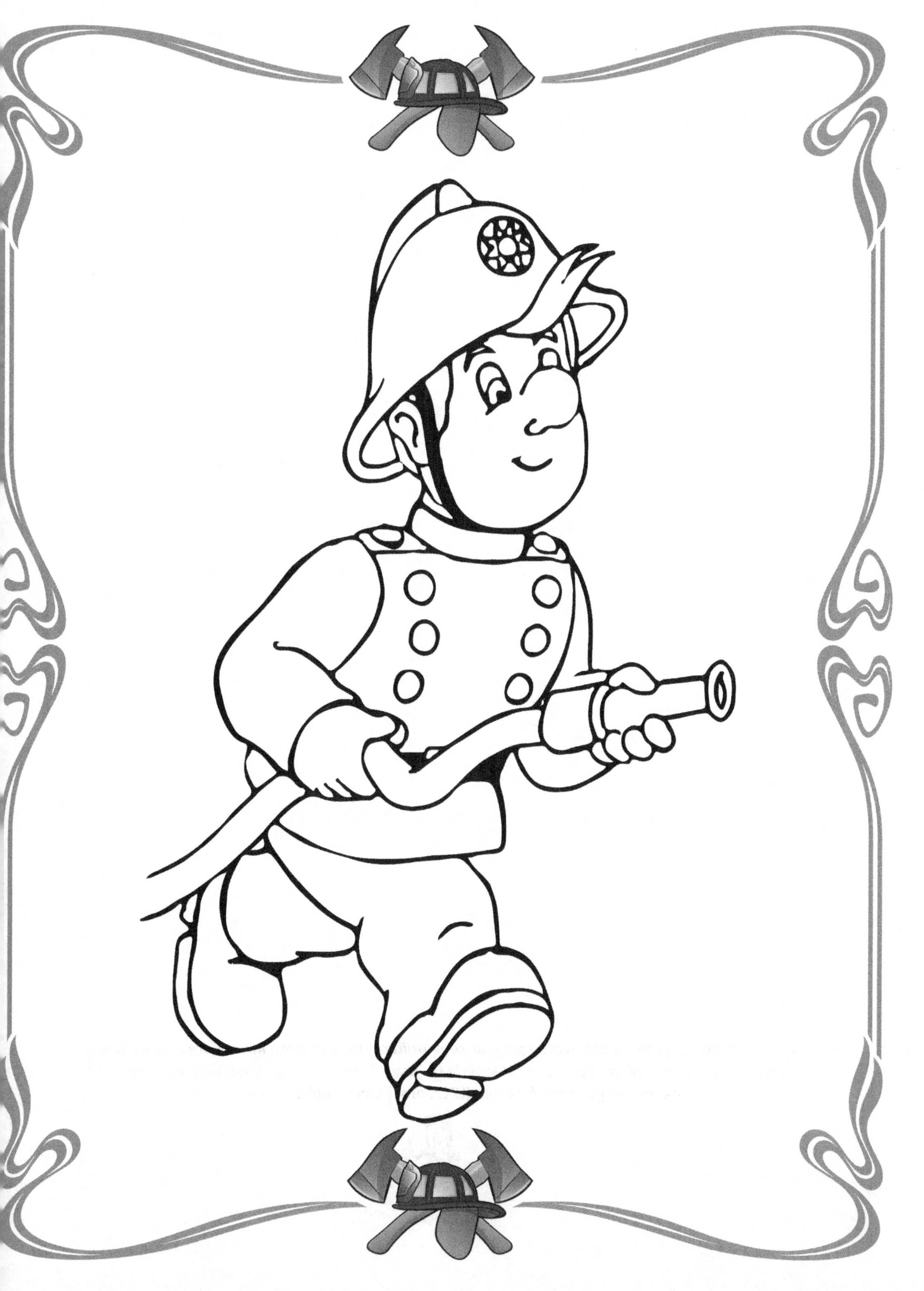

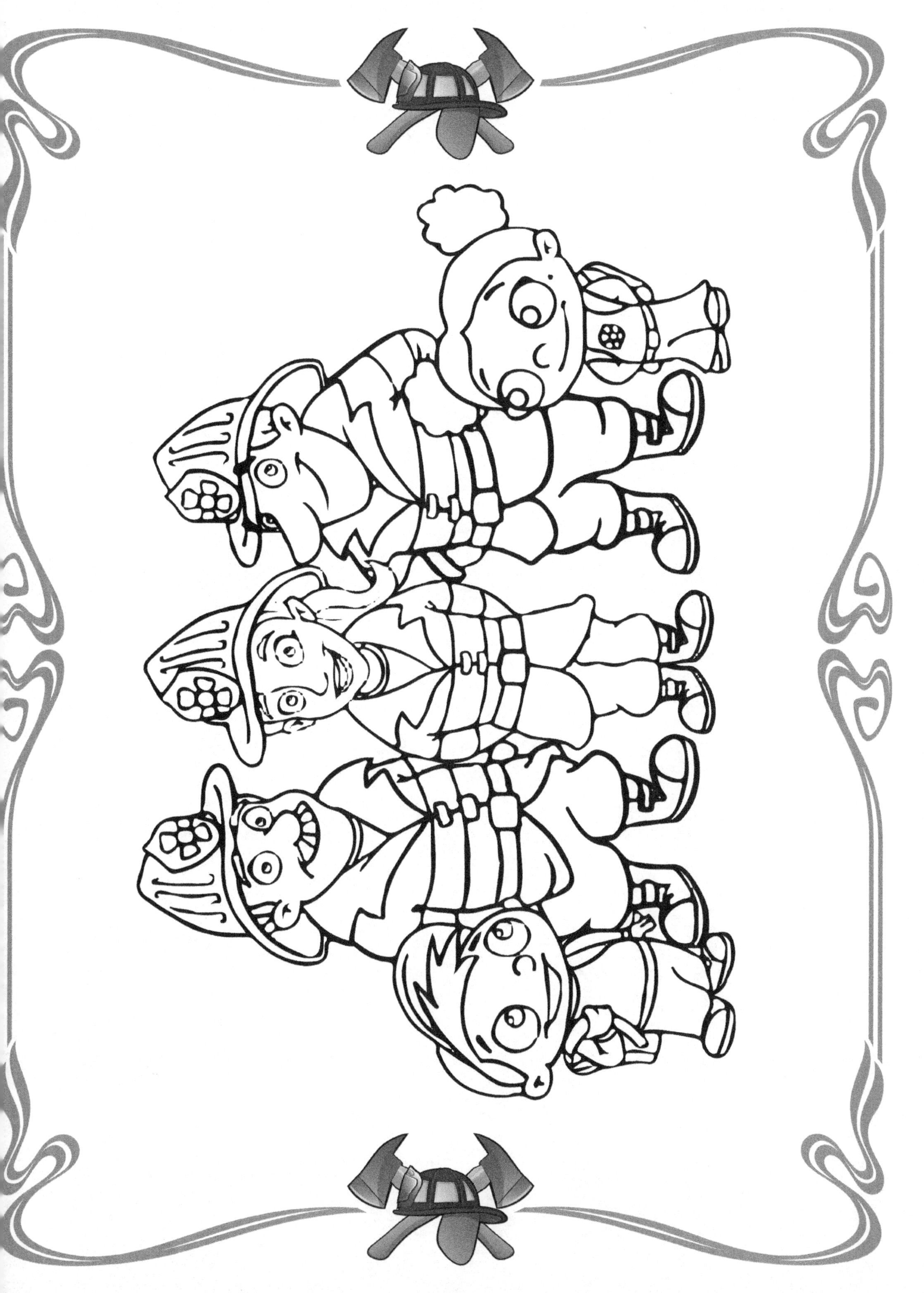

Made in the USA
Monee, IL
07 July 2026

56545692R00037